PYGMALION,

BALLET-PANTOMIME

EN DEUX ACTES,

Représenté, pour la première fois, à Paris, sur le Théâtre de la République et des Arts, le 2 Fructidor an 8;

Par L.-J. MILON, Artiste de ce Théâtre :

Musique de différens Auteurs, arrangée par E.-C. LEFEBVRE, *Artiste du même Théâtre.*

PRIX : 75 c. (15 s.)

A PARIS, et se vend
Chez D. DUPRÉ, Imprimeur, rue des Coutures-Saint-Gervais, près l'égout de la Vieille rue du Temple, N°. 446.

(Les Exemplaires sont déposés à la Bibliothèque).

AN VIII. — 1800.

CITOYEN,

ADMIRATEUR de vos talens, je sens combien
il est difficile d'atteindre à cette perfection qui
caractérise tous vos Ouvrages ; aussi n'ai-je
point l'orgueil de prétendre aux suffrages uni-
versels qui cimentent chaque jour votre gloire.
Incertain dans la carrière où je hasarde d'entrer,
je ne pouvois choisir de meilleurs guides que vos
exemples : ce sont eux seuls qui m'ont inspiré ;
c'est par eux que j'espère parvenir à mériter
l'indulgence du Public. Ne voyez donc dans
l'hommage de cet Essai que le tribut de l'amitié
et de la reconnoissance que l'Emule doit à son
Maître.

L.-J. Milon

PERSONNAGES.	ACTEURS.
	Citoyens
PYGMALION,	*Vestris.*
POLÉMON,	*Beaulieu.*
L'AMOUR-CONSTANT,	*Louis Duport.*
	Mesdames
DELPHIDE,	*Gardel.*
GALATHÉE,	*Chameroy.*
L'AMOUR-INCONSTANT	*Minette Duport.*
VÉNUS,	*Saulnier.*
LES GRACES,	*Milière.* / *Louise.* / *Félicité.*

PERSONNAGES de la Danse.

BERGERS.

C^ens	Casimo.	Auguste.	Bozon.
	Marette.	Beautin.	Courtois.
	Eve.	Dézajet.	Joly.
	Jaron.	Biquier.	Rivière.

BERGÈRES.

Mmes	Marélier aînée.	Gabriel 2me.	Buisson.
	Deslauriers.	De l'Isle cadette.	Eulalie.
	Marélier cadette.	Boilay.	Victoire.
	Suriot.	Billet.	Laurence.

PLAISIRS.

C^{ens} Eve.	Auguste.	Marette.
Dézajet.	Beautin.	Biquier.
Mmes Buisson.	Gabriel 2me.	Rivière.
Jeannette.	Eugénie.	Adélaïde

FAUNES.

C^{ens} St.-Amant.	Beaulieu.	Aumer.
Mmes Pérignon.	Coulon.	De l'Isle.

C^{ens} L'huilier.	Borda.	Honoré.
Buteaud.	Petit.	Suriot cadet.
Mmes Denisaversel.	Simon.	Gabriel 1re.
Gautier.	Lily.	St.-Léger.

Amours.
Génies.

PYGMALION,
BALLET-PANTOMIME.

ACTE PREMIER.

Le Théâtre représente une campagne fertile qu'embellit le printems ; de rians coteaux garnissent le fond et laissent découvrir au loin l'aspect le plus agréable ; on voit sur le côté une partie de la ville d'Amathonte. A droite est un Bois; en avant, du même côté, se trouve une Statue de l'Amour, à gauche, un Bosquet de roses, et au milieu s'élèvent deux petites Forges.

SCENE PREMIERE.

L'Amour-constant, ainsi que ses petits compagnons, sont occupés à forger des flèches : ils portent des aîles blanches, ce qui les distingue des Amours-inconstans qui ont des aîles de papillon, mélangées de différentes couleurs. Ceux-ci sont pareillement occupés auprès de leur forge.

L'Amour-constant admire ses flèches: il en a peu, mais elles sont en or, tandis que celles de l'Amour-inconstant sont en plus grand nombre, mais en plomb. Celui-ci ce moque de son frère, en voyant le peu d'ouvrage qu'il a fait. L'Amour-constant regarde avec horreur les flèches de plomb, et exprime qu'elles flétrissent les cœurs par des passions honteuses, au lieu que les siennes ne font naître que des sentimens tendres et délicats.

L'Amour-volage déteste la triste monotonie de son frère, et préfère voltiger : en même temps il danse un pas vif et léger qui caractérise l'inconstance. Il cueille une fleur qu'il trouve charmante : il en apperçoit une autre, laisse tomber la première pour s'emparer de celle-ci que bientôt il dédaigne encore. Cette conduite révolte l'Amour-constant ; il ordonne à son frère de s'éloigner : celui-ci rit de sa colère, et se retire en folâtrant avec ses petits compagnons.

SCENE II.

LES Amours qui sont restés font disparoître les forges, et se dispersent dans la campagne.

SCENE III.

PLUSIEURS grouppes de Bergères passent les uns après les autres au fond du Théâtre.

Delphide arrive la dernière ; elle s'arrête, pose sur le gazon une corbeille qu'elle porte à la main, admire tout ce qui l'entoure, et danse ; puis cessant tout à-coup, elle témoigne de l'ennui, se rapproche de sa corbeille, et cueille des fleurs qu'elle jette dedans.

SCENE IV.

PYGMALION descend d'une colline, et paroît livré à une douce mélancolie, en avançant lentement. Il apperçoit Delphide ; alors sa figure

exprime tout le plaisir que son cœur éprouve
en retrouvant la Bergère qu'il adore : il s'empare
de la corbeille, et se cache derrière un buisson ;
Delphide, qui n'a point apperçu son amant,
continue de cueillir des fleurs pour mettre dans
son panier ; mais ne le retrouvant plus , elle
s'inquiète, cherche de tous côtés ; et dans un
moment où elle court avec précipitation , Pygmalion sort du bosquet et l'arrête entre ses
bras ; Delphide , surprise et mécontente , se
dégage , le repousse , et lui demande sa corbeille.
Pygmalion cherche à l'appaiser , et lui exprime la
passion qu'elle a inspirée : la Bergère insiste
pour avoir ses fleurs ; il les rapporte ; elle veut
les prendre , mais il s'y oppose , et l'invite à
venir avec lui en faire hommage à la Statue de
l'Amour. Delphide refuse , en témoignant du
mépris pour ce Dieu : elle abandonne ses fleurs
et va en cueillir d'autres, Pygmalion en décore
la Statue.

Delphide tâche d'atteindre une belle rose
qu'elle apperçoit au-dessus d'un buisson : dans
l'attitude où elle se trouve , son sein est penché
sur ce buisson ; l'Amour y est caché ; il a été
témoin du mépris qu'elle a fait de sa Statue ; il
profite de ce moment pour se venger : il écarte
un peu le feuillage, et la blesse avec un de ses
traits ; la douleur qu'elle ressent lui fait lâcher
la rose.

Pygmalion croit qu'elle va s'évanouir , il vole
auprès d'elle , et lui demande le sujet de la peine
qu'elle paroît éprouver. Delphide exprime, en
montrant une branche de rosier , qu'elle s'est

piquée à une épine; cependant la faiblesse s'empare de ses sens; Pygmalion la conduit sur un banc de gazon où ils s'asseyent : elle le voit à ses côtés, et ne pense pas à l'éviter; il tient une de ses mains qu'elle n'a pas la force de retirer; ses yeux sont baissés, son sein est agité, son cœur bat avec précipitation : Pygmalion y porte la main; Delphide paroît en éprouver du soulagement; elle lève les yeux, Pygmalion y lit son bonheur, et ces deux amans se jurent une éternelle fidélité. Cette Bergère craint de s'être trop long-temps absentée de ses compagnes; elle dit adieu à son amant, pour aller les réjoindre : Pygmalion la voit s'éloigner avec regret, ensuite rend hommage à la Statue de l'Amour, et se retire, le cœur rempli de tendresse.

SCENE V.

L'Amour, victorieux, sort du bosquet : il paroît satisfait d'avoir soumis Delphide; mais il l'apperçoit et rentre aussi-tôt sous le feuillage pour se dérober à sa vue.

SCENE VI.

La Bergère vient prendre son panier qu'elle a oublié; en s'en allant elle regarde cette belle rose qui a été la cause de sa blessure. Elle tourne autour du bosquet pour tâcher de la cueillir; l'Amour, qui va être apperçu, feint d'être endormi : Delphide le voit, elle l'admire, le trouve charmant!

SCENE VII.

PLUSIEURS de ses Compagnes viennent la chercher ; elle les appelle pour leur montrer ce joli enfant : elles paroissent toutes surprises de sa beauté ; mais Delphide fâchée qu'il ait des ailes, témoigne à ses compagnes le plaisir de les lui couper ; chacune est de son avis ; déjà Delphide, armée de ciseaux, s'approche doucement de l'Amour, tandis qu'une autre saisit le bout d'une aile, et au moment où Delphide va la couper, l'Amour se réveille, témoigne du mécontentement, mais dissimule sa colère, pour voir jusqu'à quel point elles pousseront leur témérité : il leur demande grâce, elles n'écoutent point ses prières, mais il s'échappe, et, plus agile qu'elles, il fuit dans le petit bois ; les Bergères l'y poursuivent ; l'Amour reparoît aussitôt, et pendant qu'elles sont à le chercher dans le bois, il les menace de sa vengeance, appelle les Amours-inconstans, leur abandonne les Bergères et s'éloigne.

SCENE VIII.

LES Amours-inconstans voyent les Bergères qui s'avancent, ils se rangent en bataille et lancent leurs traits ; elles en sont toutes atteintes, et paroissent honteuses de leur défaite ; les Amours sont satisfaits de leur victoire : des Bergers de leur suite viennent la célébrer.

B

SCENE IX.

Ces Bergers offrent leurs cœurs aux Compagnes
de Delphide ; elles font quelques difficultés : mais
les Amours les conduisent dans les bras de ces
nouveaux amans, et elles dansent avec eux.
Delphide est restée seule et pensive. Un Berger
l'aborde, lui présente un bouquet, et veut l'en-
tretenir des sentimens passionnés qu'il ressent
pour elle. Delphide refuse ses hommages ;
l'Amour l'engage à les accepter, elle apprend à
ce Dieu le serment de fidélité qu'elle a juré à
Pygmalion ; l'Amour exprime qu'il fait peu de cas
de ces sortes de sermens : Delphide veut répli-
quer ; mais pour la séduire, il lui fait voir des
tableaux voluptueux ; un Berger est aux genoux
de sa Bergère qui le couronne, deux autres
amans, les bras entrelacés, se serrent étroite-
ment ; d'autres grouppes peignent l'apparence
du bonheur. L'Amour prend la main de Delphide
et la met dans celle de Polémon ; elle ne peut
plus se défendre, accepte le bouquet, et danse
un pas *de trois* avec ce Berger et l'Amour-inconstant qui, tout en badinant avec eux, cherche
à fuir ; ces deux amans tâchent de le retenir et
le prie de ne point les abandonner. l'Amour
se fatigue de la danse, leur indique un banc de
gazon, où ils vont s'asseoir ; les autres Bergers
et les Amours continuent la fête.

Pendant ce temps, l'Amour avec une de ses
fleches, s'amuse à graver son nom sur un arbre,
le fait voir à Delphide, et la défie d'en faire
autant. Elle saisit avec empressement le trait qui

lui est présenté, essaye de dessiner des caractères,
mais ne peut y réussir : l'Amour conduit sa main;
et lui fait tracer DELPHIDE : elle est enchantée
de voir son nom si bien écrit ; POLÉMON trace
le sien au-dessous ; L'AMOUR ajoute aussi tôt
unit entre les deux premiers noms , et un *à*
avant le dernier, ce qui fait :

L'AMOUR

unit

DELPHIDE

à

POLÉMON.

Ce Berger, transporté de joie , se jette aux
genoux de Delphide qui s'abandonne entre ses
bras. L'Amour leur montre un bosquet où il
entre, en les appelant. Ils les suivent, et tout le
monde s'éloigne.

SCENE X.

PYGMALION paroît , il cherche Delphide
dont il ignore l'insconstance. Mais elle ne vient
pas, il attend avec impatience, il brûle de lui
témoigner de nouveau toute la force de son
amour ! ...... il regarde ces lieux charmans qui
ont été témoins des sermens de sa Delphide ;
mais.... quel funeste objet vient frapper ses
regards !..... le nom de sa maîtresse uni à celui
de Polémon ; il ne peut en croire ses yeux ; il
approche, y touche, et ne découvre que trop
cette cruelle vérité. Un trouble affreux s'empare

de ses sens ; ses yeux se remplissent de fureur ;
il marche, sans savoir où porter ses pas égarés ;
il cherche son infidelle ; mais c'est en vain ; il
est au comble du désespoir ; son sang se glace,
il chancelle, ses jambes fléchissent ; il tombe
évanoui.

Cependant peu-à-peu il recouvre l'usage de
ses sens, et commence à respirer ; en se rele-
vant, il regarde encore cette funeste inscription
qui lui inspire de l'horreur ; puis il reste immobile, les yeux fixés vers la terre.

Tout-à-coup il sort de sa rêverie, et, d'un
air rassuré, il se persuade que Delphide ne peut
l'avoir trompé, après la foi qu'elle lui a jurée ;
cependant ses yeux rencontrent ces funestes
caractères qui ont porté dans son cœur les plus
cruels tourmens, il s'agite, et regarde si Delphide vient lui rendre le bonheur en calmant sa
jalouse inquiétude.

SCENE XI.

La Bergère passe au fond du Théâtre ; Pygmalion l'apperçoit et vole au devant d'elle, il
l'arrête, lui prend la main ; il est tout tremblant ;
Delphide n'ose lever les yeux ; et dans son trouble, Pygmalion reconnoît son malheur : il l'accuse
d'être parjure, et de l'avoir trahi ; le tourment
qu'il éprouve, le désespoir qu'il exprime, atten-
drissent Delphide ; elle se reproche d'avoir été
infidelle, des larmes s'échappent de ses yeux.
Pygmalion s'en apperçoit ; l'espoir renaît dans
son ame. Il propose à son amante de faire devant

les Dieux le serment de renoncer pour toujours
à son nouvel amant , et lui offre pour ce sacrifice
le retour de sa tendresse. Delphide paroît indé-
cise , embarrassée. Pygmalion l'invite , la prie ,
la presse de se rendre à ses vœux.

SCENE XII.

Elle va prononcer ce serment , lorsque
le cruel Amour-inconstant , sans être vu de
Pygmalion, se présente à elle et lui conseille de
n'en rien faire. Le refus de Delphide irrite Pygmalion , il l'accable de reproches ; mais captivé
par la tendresse , il se jette à ses pieds , et la
conjure de lui rendre le bonheur. Le trouble qui
agite Delphide décèle le plaisir qu'elle a de céder
aux instances de Pygmalion ; mais retenue par
ce cruel Amour, elle ne donne aucun espoir à
son malheureux amant qui reste dans l'anéan-
tissement de la douleur. L'Amour-inconstant
profite de ce moment pour amener Delphide ;
Pygmalion relève la tête, il voit qu'elle l'abandonne , il l'appelle vainement. Confondu , déses-
péré , incapable de résister à sa cruelle situation ,
il s'évanouit.

SCENE XIII.

L'Amour-constant paroît : il prend pitié
de Pygmalion, s'approche de lui et le touche ;
Pygmalion se relève, il a déjà l'air moins agité ;
l'Amour lui conseille d'avoir plus de courage et
d'étouffer des soupirs qui sont indignes de lui.

En même-temps, un nuage traverse le Théâtre: on y voit des petits Génies occupés à sculpter des Statues ébauchées: le fils de Vénus les fait remarquer à Pygmalion; puis lui présente un ciseau, un maillet, et l'invite à aller se consoler par son art, des chagrins que lui a causés l'inconstance.

Cet Artiste cède aux conseils de l'Amour, témoigne du mépris pour Delphide, et suit ce Dieu, du côté par lequel le nuage et les Génies sont sortis.

FIN DU PREMIER ACTE.

ACTE SECOND.

Le Théâtre représente un Atelier de Sculpteur: sur les côtés l'on voit des blocs de marbre, des Grouppes, des Statues ébauchées. Dans le fond est une Statue cachée par une draperie.

PYGMALION est au fond de l'atelier, auprès du pavillon qui renferme la Statue représentant Galathée. Il tient un coin du rideau qu'il vient de fermer, et paroît encore charmé du plaisir qu'il a éprouvé en admirant son ouvrage. Il prend ses outils, les presse contre son cœur, et jure de n'avoir désormais d'autre passion que celle de son art; il s'approche d'une Statue ébauchée, y donne quelques coups de ciseau, se recule, regarde d'un air mécontent ; il veut continuer, mais ne se sentant pas disposé pour cette Statue, il la quitte pour travailler à une autre, et ne réussit pas mieux ; indigné contre lui-même, il jette ses outils sur une table, s'assied à côté, le coude appuyé dessus, et rêve ainsi dans l'attitude d'un homme triste et inquiet : un moment après, il se relève, s'étonne d'être dans une apathie qu'il n'a jamais éprouvé ; il ne se reconnoît plus, toutes les Statues qui s'offrent à sa vue sont des ébauches trop faibles pour attirer son application ; il s'approche du pavillon où est sa chère Galathée, le seul objet qui puisse charmer et dissiper ses ennuis ; il ouvre le rideau qui la dérobe à ses yeux enflammés : on voit la Statue de Galathée posée sur un piédestal fort petit, mais exhaussé par un gradin de marbre, formé de quelques marches demi-circulaires.

Pygmalion admire tour-à-tour les grâces et la majesté de sa Statue ; il s'éloigne, se rapproche, et doute encore qu'il soit l'auteur d'un ouvrage aussi parfait.... Cependant il croit appercevoir un défaut ; il prend son ciseau, son maillet, et s'apprête à le corriger ; le ciseau levé, il s'arrête, considère un moment, et craint qu'une main profane ne flétrisse les attraits de sa chère Galathée ; il jette loin de lui ses outils, et veut fermer le rideau ; mais un sentiment secret l'en empêche ; il ne peut plus résister au desir de voir, d'adorer sans cesse cet objet charmant ; il prend une guirlande de fleurs et l'en décore, puis s'éloigne pour mieux juger l'effet ; mais il vole aussi-tôt la lui ôter, la trouvant plus belle

sans ornement. Il la regarde avec tendresse,
semble lui adresser les vœux d'un amant pas-
sionné, et reste immobile, comme s'il devoit
en attendre une réponse; tout-à-coup il s'apperçoit de son délire, et, tout couvert de honte,
il se reproche d'être amoureux d'une pierre, en
montrant par comparaison un bloc de marbre
qui est à ses côtés; alors il prend une contenance
moins troublée, et, pour se dissiper, il revêt son
manteau et se dispose à sortir; mais à peine
est-il près de la porte, qu'il s'arrête, revient sur
ses pas, et exprime, avec enthousiasme, qu'il
n'est plus en son pouvoir de s'éloigner d'une
image qui fait tout son bonheur. Il se préci-
pite à ses genoux, se livre aux transports de
l'amour, puis levant les yeux et les mains vers
le ciel, il invoque la Divinité. Aussi-tôt l'Atelier
et les Statues disparoissent; Galathée et Pygmalion se trouvent transportés dans les jardins
de Cythère; on y voit Vénus: les Amours, les
Grâces et les Plaisirs qui forment la cour de
cette Déesse, sont autour d'elle. L'Amour s'approche de Pygmalion qui, surpris de ce pro-
dige, est resté prosterné; il le relève, Pygmalion
lui témoigne sa reconnoissance, et va se jeter
aux pieds de Vénus qui a déjà animé Galathée;
l'Amour la conduit dans les bras de Pygmalion;
Vénus les unit; une Fête termine l'acte.

F I N.